DEUX MOTS

AU

Sénateur DUPONT

PAR

ÉDOUARD PINKCOMBE

> Pas n'est besoin de chercher du latin pour dire en texte que lorsqu'on est attaqué on se défend.

PARIS
IMPRIMERIE ALCAN-LÉVY
61, RUE DE LAFAYETTE

1873

Paris, le 25 septembre 1373

Monsieur le Sénateur DUPONT,

Président de l'Assemblée nationale

AU PORT-AU-PRINCE.

MONSIEUR LE SÉNATEUR,

Un ami vient de me communiquer un numéro du *Moniteur Haïtien*, dans lequel j'ai eu l'avantage de lire les charitables et très gracieux propos que vous avez pris plaisir à lancer contre moi à la tribune de l'Assemblée nationale, le 13 août de cette année.

Inutile, j'espère, de vous dire la surprise où m'a jeté ce discours terrible. J'en suis encore à me demander si c'est bien de moi que vous avez voulu parler.

Je vois avec peine, monsieur le sénateur, que je n'ai pas l'honneur d'être connu de vous, de même que je n'ai pas celui de vous connaître, autrement que par votre éloquence.

Je cherche vainement à deviner les raisons qui vous ont décidé à descendre de votre fauteuil de Président de l'Assemblée nationale, pour aller vous livrer à cette fougue d'athlète sans adversaire dans une discussion me concernant. Je cherche vainement, et je ne puis trouver à cela d'autre raison que le bonheur, que sans doute vous vouliez avoir, d'exécuter à distance sur ma personne ce qu'on appelle à Paris un éreintement.

Ainsi donc, monsieur le sénateur, c'est désormais chose dite : vous m'avez éreinté à deux mille lieues de distance. En êtes-vous suffisamment heureux ? Vous en êtes-vous assez donné ? Ou bien n'est-ce là qu'un à-compte que j'ai reçu ?

Sénateur et Président de l'Assemblée nationale, vous êtes une des premières autorités du pays. Vos paroles à la tribune, reproduites dans les colonnes du *Moniteur Haïtien*, ont trop de poids pour que je les laisse passer sous silence. Il me coûte beaucoup d'avoir à parler de moi. Depuis quatre ans bientôt, je fais le mort et ne demande qu'à rester dans l'oubli ; mais vous m'attaquez et avec violence, monsieur le sénateur, et comme la défense est un droit naturel, vous devez le savoir, puisque vous êtes avocat, à ce que l'on m'a dit, vous me forcez à prendre la parole pour me défendre... Je m'adresserai directement à vous et tâcherai, de sang-froid et sans animosité, de vous tracer le plus succinctement possible ma conduite comme particulier et comme fonctionnaire du Gouvernement, avant, pendant et après la révolution qui a fait du général Nissage Saget, chef de la prise d'armes de Saint-Marc, le président constitutionnel aujourd'hui de la république d'Haïti. Je vous laisserai ensuite me juger librement, après avoir fait tous mes efforts pour me faire mieux connaître de vous.

Avant de vous parler de mon passé, je relèverai une erreur commise par vous, et replacerai sous vos yeux, avec quelques observations, les foudroyantes appréciations dont vous m'avez largement gratifié.

Vous dites, en parlant de moi, que *l'homme présenté comme un malheureux qui gémit dans l'exil depuis trois ans, aurait pu profiter de la grâce pleine et entière qui avait été accordée dans le temps à tous les exilés politiques*, etc., etc.

Je vous répondrai, monsieur le sénateur, que dans cet acte

il y a eu, si j'ai bonne mémoire, une exception à l'égard de ceux qui étaient sous le coup d'une *condamnation capitale*, et je crois qu'une *mise hors la loi avec ordre à tous les citoyens de me courir sus*, est une condamnation suffisamment capitale... Que voulez-vous de plus, monsieur le sénateur?...

Je vous avouerai franchement aussi qu'en homme sensé, je ne serais pas rentré en Haïti sitôt après la révolution, lors même que j'y aurais été rappelé. J'aurais cru agir sagement en donnant aux passions politiques et aux haines privées le temps de s'apaiser.

J'ai compris tellement que je ne pouvais pas retourner de suite dans mon pays, qu'aussitôt arrivé à Paris je me suis mis au travail. J'ai été un des premiers, après ces bouleversements, à envoyer des marchandises au Port-au-Prince; le président Nissage n'était pas encore nommé constitutionnellement.

Serait-ce, par hasard, cette confiance dans la stabilité du pouvoir et mon empressement, comme père de famille, à assurer mon existence et celle de mes enfants, qui m'ont valu vos foudres oratoires, monsieur le sénateur, et qui vous ont fait descendre de votre fauteuil de président pour apprendre aux représentants de la nation que *je suis resté sourd à l'appel du Gouvernement pour venir de nouveau déchirer le sein de la patrie?*

Qui diable a pu vous suggérer cette idée que je désirais déchirer *le sein de la patrie?* C'est en rêve, peut-être, que vous m'avez vu sous ces couleurs-là, monsieur le sénateur! Mais cela ne vous a pas contenté, et vous avez bravement terminé par le bouquet, en me présentant à mes concitoyens comme *un de ceux qui ont cherché à jeter une perturbation infernale dans les familles*.

Quel est donc le sens de cette tempête de gros mots?... Vous ne savez donc pas, monsieur le sénateur, que je suis marié et père de huit enfants, qui sont avec leur mère au Port-au-Prince? Si vous le savez, comment donc avez-vous pu, en homme possédant son bon sens, faire de moi un pareil portrait? Pourquoi, contre moi, ces phrases à grand orchestre?

Sénateur de la République et président de l'Assemblée nationale, vous avez une trop haute position et vous devez, à n'en pas douter, avoir le caractère trop élevé pour vous faire ainsi l'écho complaisant de quelques ennemis que je puis avoir encore au Port-au-Prince, quoique cependant je n'aie jamais sciemment fait de mal à qui que ce soit. Je suis persuadé que si vous voulez réfléchir sur votre discours, vous serez vous-même surpris d'avoir émis une pareille opinion contre un exilé que vous ne connaissez pas, puisque nous avons toujours vécu, vous et moi, aux deux points opposés de l'île.

Je croyais cependant, par ma conduite depuis quatre ans bientôt que je vis loin de ma patrie, n'avoir jamais donné le droit à aucun Haïtien, ni au pouvoir actuel, de me traiter de conspirateur et de révolutionnaire... Souffrez que je profite, monsieur le sénateur, de cette nécessité dans laquelle vous me mettez de vous répondre pour faire de cette réponse ma défense; et j'ai l'honneur d'appeler sur ce que je vais dire votre attention, monsieur le sénateur, qui avez de moi une si triste opinion.

Après les grandes crises commerciales de 1859 à 1861, ayant perdu tout ce qui m'appartenait et ne m'appartenait pas, je laissai ma famille au Port-au-Prince et m'en allai travailler à Saint-Marc. Je parle de six ans avant la prise d'armes contre le président Salnave. La vie à Saint-Marc était facile; l'Artibonite, à cette époque, était peu exploitée. Une population généralement honnête me faisait aimer cette bonne petite ville... Je ne reculai devant aucune fatigue; par notre soleil brûlant de midi, comme par les plus grandes pluies, on me voyait sur les grandes routes, le jour et la nuit, à cheval ou en canot, travaillant sans relâche. Les premières années furent pénibles pour moi, peu habitué à ce genre de vie. Je voulais arriver et je finis par arriver.

Mes affaires allaient à merveille, j'avais une des meilleures positions de la localité, lorsque malheureusement Saint-Marc devint le point de mire des conspirateurs et faiseurs de révolutions.

Un an et demi à peu près avant la chute du président Geffrard, quelques jeunes gens, des fous, poussés par des ambitieux et des intrigants, voulurent prendre les armes contre le gouvernement établi. Je n'étais pas positivement l'ami de Geffrard, qui, pour moi, n'était pas à la hauteur de la belle mission qu'il avait en main après le règne de Soulouque. — Geffrard était ce qu'on appelle en France un *poseur*. Je lui en voulais de ce que je ne pouvais être son admirateur. Je voyais que par une politique maladroite, il poussait aux révolutions, et qu'il sacrifiait trop à ses mauvaises passions l'avenir de son pays. Si, librement, je donne ici mon opinion sur cet ex-président d'Haïti, qui est notre propriété, puisqu'il appartient à l'histoire, ce n'est que pour prouver que malgré cette opinion que nous avions un borgne à la tête du pays, je ne tenais pas du tout à le voir changer contre un aveugle, comprenant aussi qu'un changement amènerait des complications sans nombre dans la politique et dans les affaires commerciales. Je craignais l'inconnu, j'étais par conséquent conservateur.

Ces jeunes gens, pleins de confiance en moi, me racontaient leurs projets. Un soir, plusieurs vinrent chez moi avec des armes et m'annoncèrent qu'ils allaient tenter un coup de main. Je les forçai de rentrer chez eux, avec menace d'aller les dénoncer. Ils en voulaient beaucoup au commandant de la place, le général Mentor Nicolas, un de mes amis, officier de mérite et d'une grande énergie. J'ai fait tous mes efforts pour leur prouver qu'ils avaient tort, que le général ne faisait que son devoir en défendant un poste qui lui avait été confié par le président d'Haïti.

Une autre fois, m'étant trouvé par le plus grand des hasards à la campagne (à Vénottes), j'assistai à une de leurs réunions. Je défendis Geffrard, que j'estimais peu cependant. Je leur fis comprendre que leur projet était une folie, et qu'ils servaient d'échelle à des ambitieux. Je leur dis tout ce que je pouvais leur dire pour les détourner de leur projet. Je n'étais pas à cette époque un conspirateur, vous le voyez bien, monsieur le sénateur. Je faisais plus, j'empêchais les autres de le devenir. J'en prends à témoin MM. Fénélon Chavanne, Prudo,

Vigne jeune, D. Dussuau et le général Delphin Jean-Mary, qui est arrivé pendant que je leur parlais.

Un an après, le général Victorin Chevalier fit son débarquement pendant la nuit et se rendit maître de l'arsenal de Saint-Marc. J'arrivais le soir même du Port-au-Prince, exténué de fatigue ; je fus réveillé au milieu de la nuit par le bruit de la fusillade et de la générale, que j'entendais battre dans le lointain. J'habitais à peu de distance du général T. Guerrier, commandant le département de l'Artibonite.

J'ai été un des premiers dans les rues; j'allai réveiller quelques amis et nous nous rendîmes chez le général Guerrier pour savoir ce qui se passait et nous mettre à ses ordres; malheureusement les quelques soldats qu'il y avait en ce moment à Saint-Marc étaient à l'arsenal et, selon toute probabilité, avaient fait cause commune avec les insurgés.

Le général avait à peine huit à dix hommes chez lui. Que faire? C'est ce que tout le monde se demandait.

Personne ne savait ou ne voulait dire ce qui se passait de l'autre côté de la rivière, où se trouve l'arsenal. Je dis alors au général que nous ne pouvions rester plus longtemps dans une pareille incertitude, que j'allais traverser pour savoir.... Comme particulier, je n'avais rien à craindre.

En arrivant du côté de l'hôpital militaire, je vis déboucher, par la rue qui conduit à l'arsenal, une colonne d'hommes, de femmes, de soldats et de gamins, poussant des cris et ayant à leur tête Jules Legros, Lubérisse Jean-Charles et deux ou trois autres que je ne connaissais pas. J'étais à pied, je fus rejoint par Félix Montas; je leur dis à haute voix que toute violence était inutile; que l'autorité surprise ne pouvait leur opposer aucune résistance; qu'ils devaient se garder de tirer sur le général Guerrier; qu'un seul coup de fusil tiré à Saint-Marc, pouvait amener de grands désordres. Je fis ce qu'un honnête homme devait faire, et je pus obtenir, avec l'intervention du général Nissage Saget, président aujourd'hui, et de quelques amis, que le géneral Guerrier fût respecté.

Ma conduite, ce jour-là, n'était pas, il me semble, monsieur le sénateur, celle d'un *perturbateur infernal*, ni d'un ami du désordre?

Le coup de main du général Victorin Chevalier avait triomphé, à Saint-Marc, du pouvoir constitué. Simple particulier, je rentrai chez moi assez inquiet de ce qui allait arriver. J'avais, en coton, café, marchandises diverses et argent en caisse, pour plus de 50,000 *piastres fortes* dans ma maison de commerce. J'avais trois coffres-forts remplis de papier-monnaie; j'achetais du café pour la maison Charles Miot, qui venait de m'envoyer des fonds et des marchandises; et je faisais en ce moment une affaire de compte à demi, en coton, avec M. Vallon, qui arrivait, le matin même de la révolution, par le vapeur de la ligne, m'apportant encore 50,000 gourdes papier-monnaie et 25,000 francs de marchandises anglaises et américaines. J'avais donc, M. le sénateur, toutes les raisons, comme vous le voyez, pour être inquiet et aucune pour être révolutionnaire.

Je déjeunais chez moi avec quelques amis, qui partageaient grandement mes inquiétudes, lorsque je vis arriver un officier porteur d'une lettre. J'étais appelé, par la Révolution, à être membre du Comité révolutionnaire. Je refusai carrément. Je venais d'apprendre que le général Victorin, que je ne connaissais pas et qu'on disait être très violent, avait avec lui, pour faire nombre, des aventuriers espagnols recrutés dans les îles voisines. Il n'était pas flatteur pour moi de me trouver en pareille compagnie, et je ne voulais pas non plus que mon nom figurât dans un acte révolutionnaire. Je savais parfaitement que le règne de Geffrard était à sa fin; j'arrivais du Port-au-Prince, où l'on parlait publiquement du prochain embarquement de ce chef, qui devait se démettre en faveur de Philippeaux, qui avait la sympathie générale. La prise d'armes de Victorin ne faisait tomber que d'une quinzaine de jours plus tôt le fruit déjà mûr. Ce n'était donc pas la crainte d'un danger qui me faisait reculer; pour un ambitieux, c'eût été une bonne occasion de se mettre en évidence en coopérant à la chute du pouvoir sans courir aucuns risques,

Mais je savais par les autres combien la politique est fatale, dans ce pays surtout, le résultat presque inévitable étant toujours la fusillade.

J'étais neutre, je voulais rester neutre. Malheureusement, le sort en avait décidé autrement. M. C. Grammont, mon beau-père ; M. E. Vallon (Français), qui, comme je l'ai déjà dit, faisait avec moi des affaires, et d'autres amis, me firent comprendre que, dans un moment semblable, je n'avais pas le droit de refuser mon concours pour le maintien de l'ordre, et qu'il était du devoir de tous les citoyens de se réunir au Comité révolutionnaire et de former un pouvoir assez fort pour contrebalancer celui de Victorin Chevalier. Je promis conditionnellement, car je voulais connaître mes collègues ; mais lorsque je sus leurs noms, je ne fis plus d'objections. Néanmoins, ce pouvoir civil n'avait qu'une autorité secondaire, car le militaire domine en Haïti. Il nous fallait un général à la tête de l'armée, un nom connu. Le plus connu à Saint-Marc, en ce moment, était le général Nissage Saget, qui refusait catégoriquement d'accepter aucun commandement Cependant, après deux jours de pourparlers et devant cette nécessité absolue d'empêcher le désordre, le général se décida.

Nous eûmes plus tard avec nous le général T. Guerrier lui-même, et l'ordre fut maintenu.

Quelques jours après, tout était dit. Geffrard, nuitamment, avait lâché le pouvoir. Par mer et par terre la révolution, *sans danger*, était au Port-au-Prince, et le nouveau gouvernement provisoire installé au Palais-National. — Mes onze collègues du Comité s'étaient fait signer des brevets de colonels et de généraux par Victorin ; et moi, le douzième, je retournai à mes affaires, les poches pures de tout brevet et bien allégées des valeurs que j'avais dépensées pour la révolution ; mais aussi bien heureux d'en être quitte si tôt et à si bon compte.

Je ne bougeai pas de chez moi lorsque le général Victorin, envoyé par le gouvernement provisoire, vint à Saint-Marc pour s'opposer au passage du général Salnave, se rendant au Port-au-Prince, à son poste, comme membre du gouvernement provisoire.

Je ne connaissais du général Salnave que sa réputation de bravoure ; je ne l'avais jamais vu, et malgré les extravagances de Victorin, je comprenais qu'ils finiraient par s'entendre. J'avais une affaire importante à terminer au Port-au-Prince, et j'attendais avec impatience l'accolade générale pour me mettre en route. C'est à Mont-Rouis que pour la première fois j'eus le plaisir de voir le général Salnave, qui m'a été de suite très sympathique...... Je fus le saluer en quittant le Port-au-Prince, et ne le revis qu'après son avénement à la présidence.

J'aurais pu, si j'avais voulu vivre de la caisse publique, obtenir de lui une fonction lucrative, soit au Port-au-Prince, soit à Saint-Marc. Je savais qu'il m'avait en grande estime, car il me le disait souvent et demandait à me le prouver. Mais, plus heureux que lui, je retournai à ma vie privée...

Il y avait déjà assez longtemps que j'étais à mes affaires commerciales, lorsque je reçus un jour par la poste ma nomination d'administrateur des finances de l'arrondissement de Saint-Marc, et une lettre privée du président, me priant d'accepter provisoirement cette charge jusqu'à son retour de la guerre qu'il allait entreprendre contre les Cacos. Il me disait qu'il avait en moi une entière confiance, que ce n'était pas une faveur qu'il m'accordait, mais un service qu'il me demandait, etc., etc.

Que faire ? J'étais dans une impasse. Je comprenais parfaitement que j'allais me faire de grands ennemis. Tout le monde conspirait déjà. Je sentais arriver de graves événements ; mais je savais aussi que le président ne m'avait choisi qu'à cause de la position extrême des choses, qu'il réclamait de moi un vrai service et que mon refus eût été taxé de faiblesse. J'aurais semblé reculer devant un danger. J'étais nommé administrateur par le pouvoir constitutionnellement établi, et par sa lettre privée, le chef de l'État mettait l'ami dans l'impossibilité de refuser. J'acceptai, et je crois avoir fait loyalement et honorablement mon devoir pendant le peu de temps que je restai à la tête de l'administration.... Si ceux qui n'ont pas fait le leur jouissent aujourd'hui de la considération de mes concitoyens et sont encore aux fonctions publiques, grand bien leur fasse!...

Loin de moi toutes récriminations rétrospectives!....

Aussitôt la prise d'armes du général Nissage Saget et la ville au pouvoir des insurgés, je me rendis chez moi... L'insurrection devenant révolution, j'envoyai ma démission, mettant tous les livres et toute l'administration aux ordres du nouveau pouvoir.

Une commission fut nommée; elle fut reçue par mon chef de bureau. Après vérification elle se rendit au Trésor. J'étais créancier de la caisse publique de 20,000 gourdes d'Haïti, pour autant avancé par ma caisse particulière pour la ration des troupes, la veille de la prise d'armes. Je reçus le mardi, je crois, une lettre du comité, qui n'acceptait pas ma démission, me complimentant sur la régularité de mes écritures, etc., etc., etc.

Je refusai tout naturellement, leur faisant comprendre que, fonctionnaire d'un gouvernement légal, je devais me retirer devant la révolution; que je me respectais trop pour signer des actes révolutionnaires après avoir signé la veille ceux d'un gouvernement constitutionnel.

Je restai donc chez moi, attendant les événements. J'avais, malheureusement, trop de marchandises en magasin, et je venais d'en recevoir encore par un bateau à voile, le soir même de la révolution. Ma position n'était pas gaie, monsieur le sénateur; je savais que l'on voulait m'arrêter; déjà plusieurs de mes amis, qui n'avaient pas occupé de fonctions publiques, avaient été pris chez eux et déposés en prison. Je pouvais être ruiné du coup. Je voyais que ma position commerciale était en danger. L'idée me vint d'écrire au général Nissage Saget, avec lequel j'avais toujours vécu en très bons rapports. Je vous avouerai franchement, monsieur le sénateur, que je n'avais qu'un faible espoir de réussite; mais, à part le sacrifice de de mon honneur, il me fallait tout tenter; et si, après six ans, ma mémoire ne me fait pas défaut, voici à peu près les termes ou le sens de ma lettre :

« Général,

« La révolution ayant triomphé à Saint-Marc du gouver-
« nement que je servais, je dois tout naturellement tomber
« avec ce gouvernement. Avant d'occuper aucune charge de
« l'État, j'ai travaillé comme simple particulier pendant six
« ans à Saint-Marc. Si ces six années de vie civile peuvent
« être une garantie pour moi, qui n'ai jamais été un conspi-
« rateur, je viens vous demander de me laisser travailler li-
« brement, comme par le passé. Mais si vous croyez qu'en y
« restant, ma présence puisse être nuisible à qui que ce soit,
« veuillez, je vous en prie, général, m'accorder un sauf-
« conduit pour retourner dans ma famille au Port-au-Prince,
« et je vous jure, sur *mon honneur*, que jamais je ne pren-
« drai les armes contre votre révolution, ce qui me sera du
« reste facile, n'ayant jamais été ni soldat, ni général, etc. »

Pour toute réponse, on me fit dire verbalement qu'il fallait attendre... Attendre quoi?... mon arrestation............

La corde était tendue, comme vous le voyez, monsieur le sénateur; mon but était très honorable en écrivant au général Nissage; ce but était de sauvegarder mes intérêts commerciaux. A part la maison Charles Miot, à qui je devais 40 à 50,000 gourdes d'Haïti à peu près, tout ce que je possédais était à Saint-Marc, en créances et en marchandises anglaises, françaises, américaines. J'avais en caisse 100,000 gourdes, que je déposai une journée seulement chez un Corse ou Italien nommé Lota, et que j'envoyai ensuite chez M. N. Boutin, un des Français les plus honorables établis sur cette place. Je savais parfaitement que des âmes charitables me dénonçaient journellement au Comité et au chef de la révolution. Les plus acharnés étaient :

1° Mes débiteurs, pour ne plus me payer;

2° Ceux qui, comme moi, faisaient le commerce des marchandises étrangères;

3° Les spéculateurs en denrées, pour avoir en moins un concurrent sérieux.....

Vous voyez, monsieur le sénateur, que la politique n'en était que le prétexte. Malheureusement, une perquisition faite chez mademoiselle Laure Constantin leur en fournit un autre, qu'on est généralement convenu d'appeler mon *petit journal*, et qui, hélas! a porté le comble à la mesure. J'avais osé, pour mon malheur, monsieur le sénateur, ridiculiser les membres principaux de la révolution, personnages sacrés, paraît-il. J'en ai été bien puni, je vous l'assure; et si cela peut calmer leur courroux et leur faire oublier le pauvre *exilé hors la loi*, je leur fais ici mes excuses du plus profond de mon exil.

Voici ce que c'est, soyez-en juge, monsieur le sénateur.

Pendant les vingt-deux jours que je restai *sous enveloppe*, caché un peu partout, traqué comme une bête fauve, j'avais dans mes moments d'amertume, lorsque je me croyais le droit de me plaindre de la trop grande injustice de ces messieurs de la révolution, ébauché au crayon quelques portraits de mes persécuteurs: — une distraction, une fantaisie, qui ne devait jamais voir le jour. J'ai eu tort, j'en conviens; mais le comité n'a pas eu raison de donner publicité à ces croquis; cela n'avait aucune portée pour des hommes sérieux au point de vue de la politique... Ce *petit journal pour rire* était de trop peu d'importance, franchement, pour me valoir, le soir même, *ma mise hors la loi, avec ordre à tous citoyens de me courir sus*. Parce que j'avais osé dire, sous une République, — sous une révolution qui avait en tête de ses actes: — *Liberté, Égalité ou la Mort*, que A*** n'avait pas inventé la poudre à canon, ni B*** celle à poudrer, et qu'il ne fallait pas, si on avait besoin de la science infuse, s'adresser au Comité révolutionnaire, on a pensé qu'il fallait me tuer sans perdre de temps. Me tuer pour avoir quelque peu fait rire la galerie! Même en avouant tous mes torts, mon crime n'était pas si grand, n'est-ce pas, monsieur le sénateur, pour décréter contre moi la peine capitale?

Je ne voulais ni ne pouvais prendre les armes contre la révolution, alors pourquoi cette mesure extrême?

J'avais tout lieu, comme partie intéressée, de la trouver

forte et mauvaise, qu'en pensez-vous, monsieur le sénateur ?

Je ne vous dirai pas les péripéties par lesquelles je passai, pendant les vingt-deux jours que je disputais ma liberté d'abord et ma vie ensuite à ces braves Cacos, qui ne parlaient dans les derniers temps que de me *blanchir*. (Mettre à coups de sabre mes os à *nu*.) Je les voyais et les *entendais* à travers les grandes jalousies de mon balcon, qui donne sur la place. J'ai entendu le colonel Ropissard, de la police, dire chez M. Clapp, le vice-consul américain, qu'il avait ordre de ne pas m'emmener vivant à la prison. J'étais à la petite fenêtre de Constantin, qui s'ouvre dans la halle de Clapp.

J'ai dit, et cela est vrai, que je ferais sauter ma maison, plutôt que de me laisser prendre, et que ce serait tant pis pour ceux qui se hasarderaient à entrer les premiers chez moi. Certes, je l'eusse fait comme je le disais, si je n'avais pas pu me sauver ; et à ma place n'en eussiez-vous pas fait autant, monsieur le sénateur ? *Toute bête gênin... mordé...* dit un proverbe de nos pays.... Et puis, je le savais par des témoins qui avaient assisté à ce genre d'exécution, ce n'était pas agréable du tout pour le malheureux patient d'être ainsi dépecé par les sabres plus ou moins aiguisés de ces *bons* Cacos...

J'ai eu peut-être tort à leurs yeux de n'avoir pas voulu me laisser faire... Eh bien, vous l'avouerai-je aujourd'hui ? j'avais une peur bleue de tous ces vieux sabres et vieilles *manchettes*. La nuit, je les voyais en rêve, et rien que d'y penser le jour, j'en avais le frisson. C'est cette crainte toute naturelle, n'est-ce pas ? monsieur le sénateur, de voir et de sentir surtout dépouiller mes os de leur enveloppe de chair, qui me décida à m'embarquer à bord d'un navire français, qui devait partir deux jours après.

Il n'y avait pas de temps à perdre... J'ai pu, à sept heures et demie du soir, à la faveur de l'obscurité, arriver jusqu'au rivage.

C'était l'heure à laquelle les membres du corps révolutionnaire allaient satisfaire les besoins de leurs estomacs et où ils oubliaient pour un instant devant la daube créole et le pois-et-riz, le persécuté, le malheureux hors la loi, qui put s'embarquer dans le canot français amarré tout près du quai....

Enfin j'étais sauvé! j'étais sous le pavillon tricolore! Vous n'avez jamais éprouvé de pareilles émotions, monsieur le sénateur? Elles sont bien douces, je vous en réponds... Le lendemain matin, je me regardai dans une glace, il y avait bien dix à douze jours que je ne m'étais payé librement ce plaisir... Les Cacos, hélas! m'avaient blanchi....... les cheveux et la barbe!....... Pour trois cents francs, je fus jeté deux jours après à Inague.

Inague est, comme vous le savez ou ne le savez pas peut-être, monsieur le sénateur, une île des débouquements de Saint-Domingue. Son nom dérive de l'espagnol (*In agua*, *dans l'eau*). Rien n'y vient que du sel, des naufragés et des exilés d'Haïti. C'est là que les capitaines des navires aux cargaisons *bien assurées* viennent faire naufrage. La vie y est horrible. A moins d'avoir tué père et mère, je ne comprends pas que l'on y vive; et j'y ai vécu douze jours, monsieur le sénateur. Après onze jours d'attente, le ciel m'envoya une goëlette anglaise. Je l'affrétai le jour même, malgré les exigences du capitaine, et le lendemain, moyennant la somme de 400 piastres fortes, 2,133 francs 33 centimes, j'étais en route pour le Port-au-Prince.

Après deux jours et deux nuits de mer, j'étais chez moi. Chacune de mes nuits me coûtait plus de *mille francs*.

C'est par le pilote qui nous a pris au Fort-Ilet que j'ai su que le président Salnave était encore au pouvoir et au palais de la capitale. J'y allais pour embrasser ma famille, avoir de l'argent et repartir de suite, s'il le fallait. Je ne devais rester en rade à bord de la goëlette anglaise que le temps nécessaire pour me faire transborder sur un des navires de guerre étrangers qui se trouveraient dans la grande rade.

On me disait, avant de quitter Saint-Marc, que la révolution avait triomphé au Port-au-Prince. Il y avait quarante jours, en comprenant les vingt-deux que je restai caché, que je n'avais aucune nouvelle de ce qui s'était passé.

Qu'ai-je fait le lendemain même de mon arrivée? Ai-je pensé à rendre le mal pour le mal? J'étais trop heureux de revoir ma famille pour y penser, si j'en avais l'habitude. Je me hâtai d'aller au consulat américain, chez M. Cutt's, serrer la main à plusieurs de mes amis, qui s'y étaient réfugiés pour se mettre, disaient-ils, à l'abri des poursuites de Salnave, après avoir manqué leur coup de main de la rue de la prison.

Je leur fis à tous mes offres de service. Je savais que le président aurait tout fait pour m'être agréable.

Je savais, par expérience, combien il est pénible de rester caché, et combien on souffre d'être protégé, dans son propre pays, par un pavillon étranger.

Je m'empresse de constater ici que, généralement, les étrangers qui nous couvrent de leur pavillon nous font ou plutôt cherchent toujours à nous faire oublier, par un accueil bienveillant et mille bonnes attentions, cette hospitalité forcée.

Je comprenais cette souffrance morale et j'étais heureux de pouvoir faire pour les autres ce qu'on n'avait jamais voulu m'accorder à Saint-Marc.

Je ne le faisais pas par ostentation, monsieur le sénateur, je laisse cette faiblesse aux autres. Je le faisais franchement et loyalement.

Et pendant que je cherchais ainsi à rendre le bien pour le mal, savez-vous ce que l'on faisait de mon commerce et de ma maison à Saint-Marc? — On empêchait mes achats de coton et de café; on fermait mon magasin au nez de mon chargé d'affaires; on mettait mes serviteurs à la porte; on apposait les scellés sur les portes et fenêtres.

Quelques jours après, le gouvernement ayant besoin d'un magasin, réquisitionnait ma maison. Tout ce que j'avais en marchandises fut jeté pêle-mêle dans une halle à peine fermée... Chacun prenait ce qui lui convenait. On ne volait pas, on prenait..... les biens du *défunt*, disait-on.

On vit un officier supérieur mettre une de mes cannes à épée sous son paletot et *traverser* chez lui... la canne du *dé-*

funt..... Des lépreux, par une autorisation de la révolution, logeaient chez moi et couchaient dans mon lit... *le lit du défunt*!.... Un jour ou plutôt une nuit, la halle fut ouverte (c'était si facile !) et des *preneurs de nuit* firent comme l'officier supérieur et emportèrent chez eux tout ce qu'ils pouvaient prendre.

Par jalousie sans doute contre ceux qui *prenaient* ainsi, on décida le gouvernement à faire à l'encan public un simulacre de vente. On vendit ce que l'on trouva, ce qui restait, et c'est ainsi qu'à Saint-Marc, monsieur le sénateur, finit la maison *du défunt*, que vous avez si rudement *éreinté* à la tribune de l'Assemblée nationale.

Nul ne m'a entendu me plaindre. A quoi bon ? Je venais cependant de dépenser à Saint-Marc six belles années de ma vie, et je n'avais fait de mal à qui que ce soit. On me faisait, vous le voyez, monsieur le sénateur, payer bien cher quelques jours passés à l'administration : un poste non politique ; et si je ne m'étais pas sauvé à temps, je serais en ce moment bien *blanchi*, et je ne vous aurais pas fourni aujourd'hui, monsieur le sénateur, la belle occasion de faire un de ces discours magnifiques qui, après avoir fait l'admiration de toute l'Amérique, traversent les mers et font celle de toute l'Europe, voire même de toute l'Afrique; et je n'aurais pas eu l'avantage de pouvoir causer avec vous à deux mille lieues de distance.

La révolution a duré deux ans. Je suis resté six mois simple particulier, à peine un an directeur de la douane, et je n'ai été nommé conseiller d'Etat que dans les deux ou trois derniers mois du gouvernement de Salnave...

J'ai été de nouveau mis hors la loi, aussitôt l'arrivée au Port-au-Prince du président Nissage-Saget. En ajoutant mon nom dans cette nouvelle liste fatale, on donnait suite, après deux ans, au premier décret de Saint-Marc.

Le chef de l'Etat n'a pas été, comme on le proclame, généreux et magnanime ;... car si le président de la République avait su oublier les rancunes du chef de la révolution de Saint-Marc, je n'en serais pas aujourd'hui à former le désir de saluer dans le chef du pouvoir actuel un grand caractère.

Le jour même de la prise du Port-au-Prince par la révolution, je me rendis chez mes amis, le capitaine Cutt's et M. Connard, vice-consul américain.

Je recevais journellement, pendant près d'un mois et demi que je suis resté sous pavillon américain, la visite de beaucoup de membres et partisans de la révolution ; à part mon opinion, que je donnais sur certains actes extrêmes du nouveau gouvernement, m'a-t-on jamais entendu parler de vengeances, de revanche, du projet de déchirer le sein *de la patrie et de jeter une perturbation infernale dans les familles*, comme vous le dites si éloquemment, monsieur le sénateur ? J'acceptais ma condamnation comme un fait accompli. Il me fallait partir ; je savais que j'avais quatre années d'exil à faire. Je n'avais rien à attendre du nouveau chef ; je n'aurais rien demandé du reste. Depuis lors, je pouvais entretenir correspondance avec divers fonctionnaires du gouvernement du président Nissage, qui avaient toujours eu avec moi d'excellents rapports, et pour lesquels, j'en suis certain, je ne suis pas un *perturbateur infernal.*

Mais je comprenais parfaitement que c'eût été peine perdue, le président Nissage ayant décidé que, sous son règne, je ne reverrais jamais mon pays et ma famille...

Je pouvais encore écrire à l'Assemblée nationale et demander à être jugé ; mais je craignais justement ce qui vient d'avoir lieu : que quelque fougueux orateur, comme vous, monsieur le sénateur, ne vînt à la tribune, soit pour son compte propre, soit pour celui des autres, m'insulter gratuitement et *sans danger* ; je craignais de voir certains discoureurs, par leur peu de générosité, m'obliger à me repentir de ma démarche, ou bien encore, par une trop grande inexpérience politique, porter le gouvernement à prendre contre l'Assemblée en général des mesures sévères. (1).

---

(1) Je viens de lire, à mon grand étonnement, un décret où le pouvoir se sert justement de ce terme d'*inexpérience* pour renvoyer les Chambres, ce qui fait mentir à mon égard le vieux proverbe qui dit qu'on n'est jamais prophète en son pays.

M. Goulard-Angammare, mon parent et ami, dans un but assurément fort louable, a adressé, sans me consulter, une demande en *grâce* à l'Assemblée en ma faveur. Je le remercie et lui suis reconnaissant de cette marque d'amitié. Je sais gré de même à tous les sénateurs et députés qui ont opiné en ma faveur, malgré les formes restrictives et les paroles malsonnantes dont se sont servis quelques-uns d'entre eux.

Je suis heureux de constater qu'à part vous, monsieur le sénateur, qui ne me connaissez pas, la demande Angammare a reçu un accueil bienveillant. Je remercie aussi tous les membres du Corps législatif qui, par leur silence, vous ont suffisamment désapprouvé.

Comment, monsieur le sénateur, vous, un si grand personnage, avez-vous pu attaquer avec tant de violence et à deux mille lieues de distance un malheureux exilé sans défense? Ce n'est pas là de la générosité, avouez-le; et reconnaissez que vous avez mal agi, sénateur Dupont.

Vous ne pouvez donc pas comprendre que les assemblées et les pouvoirs s'honorent et font acte de bonne politique en se hâtant de rapporter les mesures violentes dictées contre les honnêtes gens par les passions en délire dans les temps troublés? C'est malheureux, monsieur le sénateur, que vous ne puissiez pas comprendre cela.

J'entends dire, depuis deux ans bientôt, par tous les Haïtiens et étrangers qui, chaque année, viennent à Paris, et je me fais ici leur écho, que le général Domingue des Cayes sera inévitablement appelé, aux prochaines élections, à succéder au président Nissage Saget; mais que, si contre toute prévision un autre devait être élu, cet autre serait le général Monplaisir Pierre ; veuillez, je vous en prie, monsieur le sénateur, me renseigner sur ce point; vous devez en savoir quelque chose, car il n'est bruit que de la trop grande facilité avec laquelle vous servez alternativement les deux candidatures, semblable au meunier Sans-souci :

« Et de quelque côté que vînt souffler le vent,
« Il y tournait son aile et s'endormait content. »

Je comprends, il est vrai, que vous devez m'en vouloir de ce que, malgré les événements, je suis resté fidèle, aux dépens de ma vie, à l'ami, au président Salnave. Je dois être pour vous un être imparfait. Que voulez-vous, monsieur le sénateur? N'est pas Janus qui veut, et tout le monde n'a pas la même souplesse d'échine pour, comme l'acrobate, sauter d'une corde à l'autre.

J'attends donc, et avec la plus vive impatience, je ne vous le cacherai pas, que le nouveau président de 1874 soit nommé pour lui demander le bonheur tant désiré depuis quatre ans d'embrasser ma famille et de pouvoir, comme vous, monsieur le sénateur, circuler librement dans mon pays. Et ce chef, quel qu'il soit, malgré vos belles phrases, ne trouvera jamais en moi ni un conspirateur prêt à *déchirer le sein de la patrie, ni un perturbateur infernal des familles*, mais un citoyen intéressé au maintien de l'ordre et, qui sait? peut-être un ami...

Je prends tant de plaisir à causer avec vous, monsieur le sénateur, depuis que par votre éloquence à la tribune, j'ai eu le bonheur de faire votre connaissance, que vous me permettrez bien, avant de vous quitter, sauf à recommencer, si vous l'exigez, et je suis trop poli pour vous le refuser, de vous demander si vous n'êtes jamais venu à Paris. Si oui, vous l'avez-vu;... si non, faites, je vous le conseille, ce joli voyage, et allez au jardin d'acclimatation du bois de Boulogne; vous y verrez le produit d'une mule et d'un cheval arabe. Le père, la mère et le petit sont là, tous les trois. Il n'y a seulement qu'un produit, et c'est un phénomène, comme vous devez le savoir, monsieur le sénateur....

On m'a toujours dit, et je le comprends parfaitement, que vous étiez très fort en tout et partout : au barreau, avocat distingué; à la guerre, général brillant et terrible; sage et profond au conseil, et éloquent à la tribune (je suis payé, ou plutôt j'ai payé pour le savoir). Mais ce que je ne savais pas et que j'apprends aujourd'hui même, c'est que par un procédé bien plus fort que celui du cheval arabe, vous avez produit le même phénomène et dans de vastes proportions :

vous avez pu, m'a-t-on dit, faire produire par votre mule des Cayes, pendant et après la révolution dans le Sud, une *hatte* tout entière, plus de deux cents têtes de bêtes.

Je ne puis, malheureusement, aller le constater; mais si le fait est exact, ainsi qu'on me l'affirme, le procédé, S. V. P... monsieur le sénateur.

Et je demeure, en attendant,

votre bien dévoué serviteur,

EDOUARD PINKCOMBE,

49, rue de Saint-Pétersbourg, Paris.

Paris.—Imprimerie Alcan-Levy, rue de Lafayette, 61

www.ingramcontent.com/pod-product-compliance
Ingram Content Group UK Ltd.
Pitfield, Milton Keynes, MK11 3LW, UK
UKHW021153230726
13926UKWH00001B/92

9 782014 067729